DOCENTE VITAMINA

CONECTA CON TUS ALUMNOS DESDE EL CORAZÓN CON CREATIVIDAD SIN PERDER LA ILUSIÓN EN EL AULA

MAITE PARDO PÉREZ

Saralejandría ediciones

Explora las posibilidades que nacen de creer en ti mismo.

Dedico este libro a todas aquellas personas que iluminan el camino de otros con su creatividad, entusiasmo y pasión. Esta publicación es para recordarte que enseñar no solo sucede en el aula, sino en cada acto de generosidad, cada idea compartida y cada corazón que inspiras. Nunca pierdas la ilusión de transformar vidas, porque en tus manos está la magia de un futuro mejor.

índice

¿QUIÉN SOY?

Hola, soy Maite Pardo, aunque mi nombre de pila es Matilde María Pardo Pérez y soy de Cartagena.

Quiero darte la bienvenida a "Docente Vitamina".

Este libro es una parte de mí, un reflejo de mis experiencias,

sueños y aprendizajes. Espero que al leerlo encuentres algo

que resuene contigo, que te inspire o simplemente te acompañe.

Gracias por permitirme ser parte de tu historia,

aunque sea por un momento.

Me presento: soy maestra de Educación Primaria, trabajo como

profesora de Religión Católica en un colegio público

en Infantil y Primaria.

Estoy felizmente casada y soy madre de cinco chicos.

Me apasiona el mundo TIC, innovar, aprender, compartir.

El reciclaje y la formación continua son vitaminas para mí,

para mantenerse viva y activa en mi profesión.

Sin más rodeo, te dejo sumergirte en este libro.

Adopta una postura cómoda, ¡COMENZAMOS!

CONECTAR CON LA REALIDAD DE NUESTRA AULA

Ser maestra de religión católica en un colegio público es una experiencia llena de matices.

En primer lugar, has de ser muy valiente, porque la mayoría de las veces vamos a contracorriente. No hemos pasado por la fase de oposición ni nuestra área es obligatoria para los alumnos, ya que es opcional y generalmente no se le da la importancia que tiene la asignatura realmente. Por otro lado, la docencia de una forma u otra al final del día no es muy diferente de lo que viven el resto de los compañeros que imparten inglés, educación física, música, o cualquier otra asignatura. Todos, de una forma u otra, enfrentamos el mismo reto: encontrar la manera de conectar con los alumnos con sus corazones y con sus preguntas sobre el mundo.

Imagen del Aula de Infantil. Cuidamos nuestro Planeta

Aula Infantil de Religión

@MIESCRITORIONLINE

Entrar al aula, para mí, cada mañana es como una nueva oportunidad para aprender de los alumnos, de mis compañeros y de lo que me trae el día. Estoy abierta al aprendizaje continuo, no me cierro a mí misma en mis problemas o dificultades, sino en el momento que estoy allí con ellos. A decir verdad, es como abrir una ventana a la realidad de los niños que están sentados allí, en sus pupitres. Traen consigo no solo sus mochilas llenas de libros, sino también sus emociones, sus historias familiares, sus alegrías y, a veces, sus preocupaciones. Aunque mi asignatura sea la religión, tengo claro que lo más importante es conectar con esa realidad, con la vida cotidiana de cada uno de ellos. Y eso es algo que sé que todos los docentes, en el fondo, buscamos si realmente conservamos esa vocación por la que estudiamos con ilusión para llegar a estar ahí en las aulas "Educando a los Educandos" que serán el futuro de nuestra sociedad.

Lo que he aprendido a lo largo de estos años es que la docencia en un contexto tan diverso y cambiante nos exige ser muy conscientes de la pluralidad que existe en el aula.

Se hace necesario ser flexible, creativo y, sobre todo, respetuoso con las distintas formas de ver el mundo que traen los alumnos. Esto nos invita a hacer de cada clase un espacio de encuentro y reflexión, más que de imposición o doctrina. Lo que queremos es que los protagonistas de nuestras aulas se sientan escuchados, valorados y acompañados en su proceso de crecimiento y desarrollo personal.

Al impartir en dos etapas tan diferentes podemos encontrar un amplio abanico de posibilidades y oportunidades para relacionarnos con nuestros discentes.

INFANTIL

En la etapa de Educación Infantil, desarrollar la curiosidad lo es todo.

Ellos están descubriendo el mundo, y lo hacen con una fascinación que a veces los adultos olvidamos. Me encanta ver cómo se asombran con las historias que les cuento, cómo cantan con alegría los más pequeños en la asamblea las canciones sobre sus propios nombres o cómo buscan con sus ojos las mascotas de clase: Niño Jesús peluche, Super Jesús y su Ovejita Blanca. Con esas sonrisas y esas miradas ya estamos conectando con su pequeño mundo. Otro ejemplo sería cuando les cuentas una historia 'El Arca de Noé' y ven a su Seño Maite presentando la Historia de la Biblia.

CANCIÓN JESÚS ES MI AMIGO

Maite Pardo Reli

@maitepardoreli4289 · 503 suscriptores · 117 vídeos

MI CLASE DE RELI#EN ESTE CANAL SE SUBEN: ACTIVIDADES DE RELIGIÓN MULTIMEDI... ...más

instagram.com/miescritorionline **y 1 enlace más**

Personalizar canal   Gestionar vídeos

·io   Vídeos   Shorts   Listas   Publicaciones   🔍

CANAL MAITE PARDO RELI HISTORIA
EL ARCA DE NOÉ

La canción Jesús es mi amigo está creada con mucho cariño y editada para los niños en su período de adaptación, donde es muy difícil separarse de sus padres y de su tutora para irse con una maestra que no conocen y no saben lo que les espera. Se dejan llevar y se ponen en nuestras manos; es maravilloso interactuar, ser cariñosos y empatizar con ellos.

> Al fin y al cabo, enseñar a los más pequeños se trata de sembrar semillas: pequeños gestos y palabras sencillas que ellos guardarán, tal vez sin darse cuenta o en su corazón.

Escuchar historias les encanta y si ven a su Seño Maite presentando esas historias de la Biblia, les fascina. Os aseguro que les brillan sus pequeños ojitos, porque estás adaptando tu clase a ellos con personajes divertidos y canciones que se ajustan a sus edades.

Muchas veces algunos contenidos se perderán, pero el vínculo que podemos llegar a establecer con ellos pueden recordarlo durante toda la vida.

Quién no guarda recuerdos de su infancia en su primera años de escolarización, pensamientos que nos hacen sentir bien u otros que preferimos pasar rápido en nuestra mente y no recordarlos con tanto ánimo.

Por otro lado, en la etapa de Primaria, la dinámica cambia, pero la esencia sigue siendo la misma. Los alumnos comienzan a hacer preguntas más profundas, y mis clases se convierten en espacios de reflexión. Igual que mis compañeros en otras asignaturas, trato de que vean cómo lo que aprenden en religión tiene un **eco** en su vida diaria. Les hablo del respeto, de la solidaridad, del perdón... valores que no son exclusivos de la religión, sino que están presentes en el día a día del aula, en sus relaciones con sus amigos y en las decisiones que toman.

Cada alumno confronta una etapa de forma diferente relacionada con su período de desarrollo, su situación familiar, su preparación, desarrollo y su motivación por este ciclo en Primaria.

Adicionalmente hay una transición al tomar contacto con los contenidos de aprendizaje. Ya no es a través del juego como están acostumbrados, sino a través de situaciones de aprendizaje motivadoras e interesantes.

Los alumnos de primaria necesitan experiencias de aprendizaje motivadoras y significativas que les despierten el interés y la curiosidad por aprender. El docente, en este contexto, tiene el desafío de adaptarse a múltiples roles: facilitador, orientador y guía, creando un ambiente enriquecedor que fomente el crecimiento intelectual y emocional de sus estudiantes. Para lograrlo, es fundamental que el educador ponga en funcionamiento toda su creatividad, empatía y versatilidad en cada actividad, logrando que el aprendizaje sea atractivo y relevante.

En las siguientes imágenes me las tuve que ingeniar de diversas formas para introducir a los alumnos las Oraciones básicas en el Área de Religión como son el Padrenuestro, Avemaría, Jesusito de mi vida. A continuación, os dejo una fotografía del tutorial de cómo utilizar el chroma key desde casa y el resultado del vídeo en YouTube.

TUTORiAL CHRoMA kEY FoNDo CRHOMAkEY ESToR EnRoLLABLE

ORACIONES CRISTIANAS

Imagen para crear el vídeo
de las oraciones

Lo que más me motiva es ver cómo, tanto en mis clases como en las de mis compañeros, todos buscamos algo más allá del simple contenido curricular. Queremos que nuestros alumnos crezcan no solo en conocimientos, sino también en humanidad. Y eso, sin duda, es un reto compartido. Cuando la profesora de educación física fomenta el trabajo en equipo y la colaboración, estamos trabajando en la misma dirección: queremos que nuestros alumnos, el día de mañana, sean personas capaces de construir un mundo mejor.

Conectar con la realidad del aula significa estar atentos, no solo a lo que enseñamos, sino a quiénes se lo enseñamos. Cada niño y niña que se sienta en nuestras clases tiene una historia, una visión del mundo, y como maestros, sea cual sea nuestra asignatura, tenemos la responsabilidad de acompañarlos en su camino, respetando sus tiempos, sus preguntas, y sus descubrimientos.

Yo creo que como educadora cualquiera sabe que nuestra tarea va más lejos de estar presentes en el aula cada mañana. Conlleva un compromiso verdadero de interactuar con nuestros pupilos, entender sus necesidades, preocupaciones, estímulos, y sobre todo, crear un ambiente donde cada uno pueda desarrollarse plenamente.

Para que el aprendizaje verdaderamente evolucione, necesitamos reinventarnos constantemente: adaptarnos a nuevas formas de enseñar, encontrar maneras creativas de motivarlos y hacer que se sientan escuchados y valorados. Este esfuerzo nos desafía, pero es lo que convierte nuestra tarea en algo profundamente transformador y significativo, tanto para ellos como para nosotros.

La conexión entre el maestro y los alumnos alcanza tres dimensiones esenciales: **funcional, mental y espiritual**. En el campo funcional, el maestro guía y estructura el aprendizaje, creando un entorno adecuado para el desarrollo de habilidades.

En el ámbito mental, establece un vínculo que estimula el pensamiento crítico y la comprensión, adaptándose a las necesidades y capacidades cognitivas de cada estudiante.

A nivel espiritual, fomenta un espacio de respeto y empatía, conectando con los valores, aspiraciones y emociones de los alumnos, lo cual facilita una relación de confianza y un aprendizaje más profundo y significativo.

¡Solo hay una vida y una eternidad!

MOTÍVATE PARA INSPIRAR A TU ALUMNADO

¿Cómo me motivo yo para dar clases cada mañana?

La enseñanza es una de las profesiones más apasionantes y, al mismo tiempo, desafiantes. No se trata únicamente de transmitir conocimientos, sino de ser una fuente de inspiración, motivación y guía para los estudiantes. Sin embargo, para poder inspirar a otros, debemos también inspirarnos continuamente. La docencia exige un reciclaje profesional constante, en el que la formación, la actualización y la creación de contenido son esenciales para mantenerse en un enfoque renovador.

Para inspirar al aprendizaje de mi alumnado, busco el reciclaje continúo en mi formación como docente. En todos los campos.

Mi inspiración para seguir este camino vino de mi Trabajo Final de Grado, cuya temática fue la gamificación, en el cual desarrollé un proyecto de gamificación para el aula. Adaptar esta metodología fue revelador y descubrí un enfoque innovador. Este proyecto no solo marcó una señal en mi desarrollo profesional, sino que también plantó en mí la semilla del reciclaje continuo: una práctica que me permite renovar mis conocimientos y enriquecer mi docencia.

Al sumergirme en este enfoque, descubrí el potencial de hacer el aprendizaje no solo más dinámico, sino también más significativo para mis estudiantes. La gamificación me abrió los ojos a nuevas maneras de captar su interés y de acercarme a sus necesidades, utilizando técnicas que les resultan atractivas y motivadoras. Esta experiencia me enseñó que para conectar realmente con el alumnado, es necesario reinventarse y adaptar nuestras metodologías, y ese proceso de adaptación solo se logra con formación continua.

Al elegir esta temática, decidí sumergirme en algo que era novedoso para mí, que no sabía de qué iba ni tenía la menor idea. Recuerdo buscar en el diccionario y en Google que era gamificación.

Como todo, al principio se hace cuesta arriba, pero poco a poco te vas dando cuenta que avanzas a pesar de los muchos tropiezos. Hago hincapié en esta última palabra: tropiezos. He podido pasar horas y horas delante del ordenador hasta que he conseguido entender lo que no me salía a la primera ni a la segunda, sino a los tropecientos intentos.

"TRABAJA EN LO QUE TE APASIONA Y DEJARAS DE TRABAJAR"

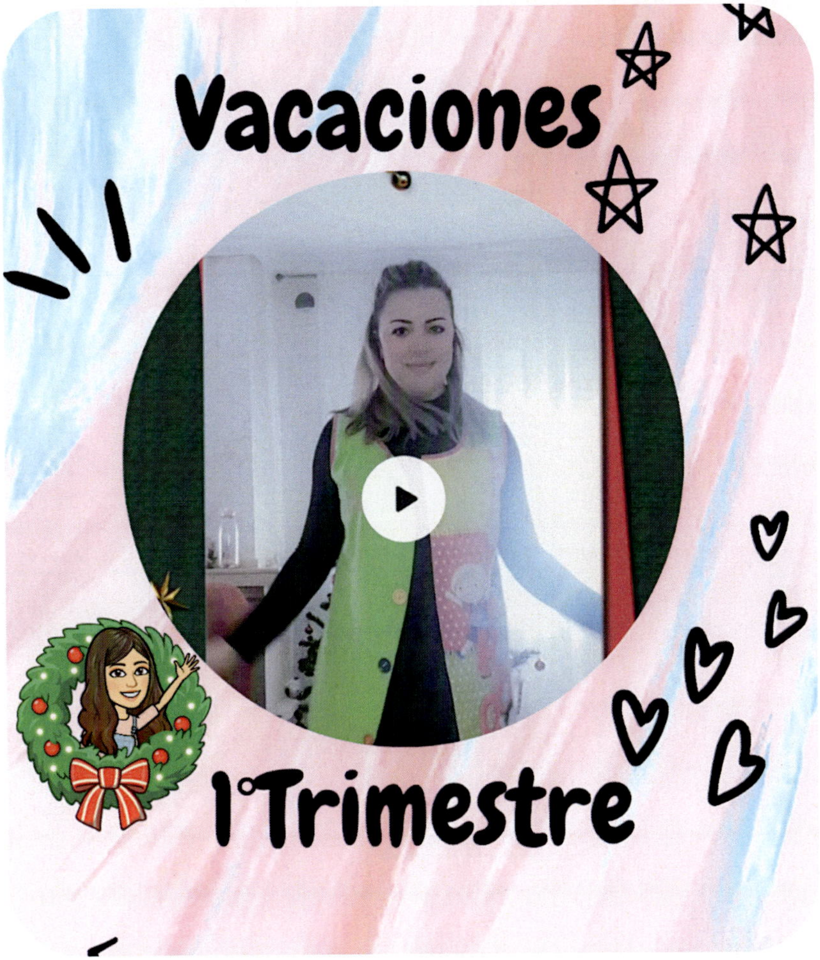
Vacaciones
1°Trimestre

Os comparto mi Proyecto Final de Grado a través del siguiente Código QR. Esto fue hace bastantes años, en el curso 2018-2019. Ahora todo ha cambiado y evolucionado vertiginosamente como el uso de las TIC, herramientas y apps que se actualizan cada día.

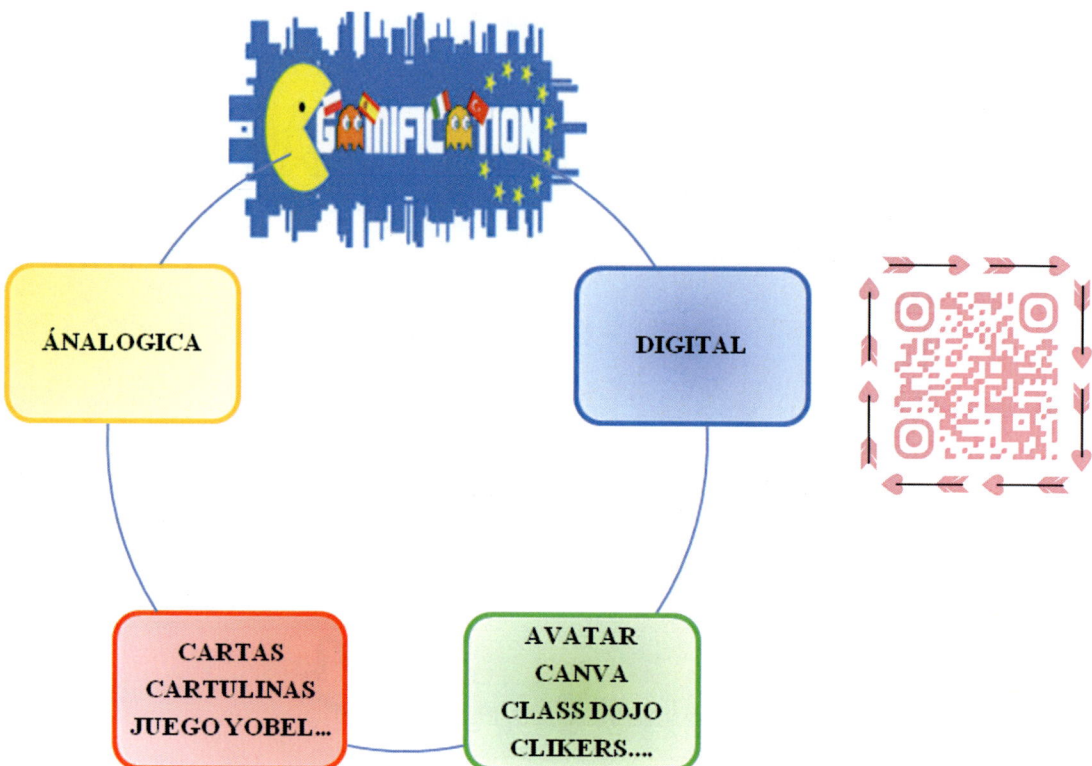

La Gamificación, técnica a desarrollar en el área de Religión Católica dirigida al alumnado de 3° de Educación Primaria

El trabajo a diario nos conduce a estar en contacto con las TIC.
Los métodos y las tecnologías están en constante evolución y, como docentes, debemos adaptarnos para aprovechar estas transformaciones. Mi experiencia con el proyecto de gamificación del TFG me mostró el impacto de aplicar nuevas tendencias educativas en el aula y cómo estas pueden transformar la manera en que los estudiantes se relacionan con el contenido. Por eso, mantengo la práctica de innovar, aprender y compartir todos mis recursos, contenidos y conocimientos.

A continuación, os presento dos proyectos de gamificación que hice con IN-TEF, de los cuales os comentaré acerca de esta formación más adelante.

El primer proyecto es un diario de misión con sus diferentes niveles. Proyecto recogido en una web de Wix.

Diario de Misión Nivel 1

Hola soy Maite Pardo Profesora de Religión Católica

Gamificación

Éste es mi Diario, donde iré añadiendo todo mis retos acerca de esta Técnica La Gamificación. Personalmente para mí es un reto poder hacer este curso INTEF-GamificaMooc (4ª edición)

Avatar creado con Ana Pro

Nivel 1 Gamificación

El segundo proyecto de gamificación también lo hice con INTEF y está reco-gido en un Genially donde recopilo mi proyecto de gamificación.

En la docencia la formación debe hacerse de forma continua para estar al mismo nivel de las demandas de la sociedad de nuestros alumnos.

Para mantener una enseñanza efectiva y relevante, busco cursos, tutoriales y nuevas herramientas que no solo me ayuden a mejorar mis habilidades, sino que también me conecten con los intereses de mis estudiantes. Esta formación constante me permite transformar el aprendizaje en algo vivo y práctico, mientras modelo la actitud de curiosidad y progreso que deseo transmitir.

Mi formación como docente se basa en hacer al año varios cursos, la mayoría de ellos son con INTEF (Instituto Nacional de Tecnologías Educativas y de Formación del Profesorado). Os dejo la información en el siguiente enlace INTEF. https://intef.es/quienes-somos/

Tienen un amplia variedad de formación en diferentes temáticas con distinta duración y modalidades:

TUTORIZADOS EN LÍNEA:

Son experiencias de aprendizaje de dos meses de duración, 60-70 horas, que promueven el desarrollo profesional continuo, con la ayuda de un equipo docente, formado por tutores y coordinadores expertos, que guían el progreso de los participantes en los cursos día a día.

MOOC (MASSIVE ONLINE OPEN COURSE):

Se trata de un curso a distancia, accesible por internet al que se puede apuntar cualquier persona y no tiene límite de participantes con un nivel de duración de cuatro a seis semanas.

NOOC (NANO OPEN ONLINE COURSE):

Son pequeñas píldoras formativas que tienen el mismo concepto que los MOOC, pero tienen una duración de entre 1 y 20 horas.

Para ser sincera, he aprendido muchísimo de ellos y he cogido mucha desenvoltura a la hora de crear contenidos y recursos.

OS INVITO SI NO LOS CONOCÉIS, A CONOCERLOS.

La otra formación que suelo realizar son todos o la mayoría que salen en nuestros centros del *Cursos del CPR de la Región de Murcia https://www.murciaeduca.es/cprregiondemurcia/sitio/* y otros en los que me matriculo online para mejorar y ampliar mis conocimientos y actualizarlos a las demandas de la sociedad.

El resto de mi formación la hago a través de tutoriales en YouTube, webinar de profesorado, podcast, etc.

Para mantener una enseñanza efectiva y relevante, busco cursos, tutoriales y nuevas herramientas que no solo me ayuden a mejorar mis habilidades, sino que también me conecten con los intereses de mis estudiantes. Esta formación constante me permite transformar el aprendizaje en algo vivo y práctico, mientras modelo la actitud de curiosidad y progreso que deseo transmitir.

Lo relevante es no quedarse estancado y reciclarse de forma continua y todo esto me hace salir de mis rutinas, comodidades, zona de confort, pero es de esta forma como obtengo la inspiración y la motivación que nace de mí para donarla a otros docentes y profesionales de la educación y a mi alumnado.

La inspiración y motivación van de la mano o en la misma línea para crear contenidos y recursos y todo se consigue a través de la formación y de la actitud.

El acto de crear es fundamental en el proceso de aprendizaje y, a su vez, un reflejo de mi compromiso con el crecimiento profesional. Diseñar actividades y contenidos basados en gamificación y probar enfoques novedosos que resulten cercanos a los intereses de mis estudiantes, me permite enriquecer cada lección y hacer que el conocimiento sea una experiencia práctica y más cercana a la realidad de mi clase.

Estar actualizado no es solo un lujo, es una necesidad. Cada curso, tutorial o conferencia nueva que exploro me aporta ideas frescas y herramientas que puedo llevar al aula. Este reciclaje constante no solo aumenta mis habilidades, sino que me permite ser un modelo de aprendizaje continuo para mis alumnos.

En definitiva, la enseñanza es una de las profesiones más emocionantes y, a la vez, retadoras. No se trata solo de transmitir conocimientos, sino de inspirar, motivar y guiar a los estudiantes en su propio camino de aprendizaje. Para poder inspirar a otros, es fundamental estar en un constante proceso de aprendizaje y reciclaje. Esto significa actualizarse continuamente, seguir formándose y mantenerse al día con las últimas tendencias, cursos y prácticas.

Mencionar asimismo libros que, como docente, también me han ayudado y ayudan en mi día a día. Relacionados con la psicología positiva y grandes comunicadores en tiempos actuales:

Mario Alonso Puig: "REINVENTARSE", "AHORA YO" Y "RESETEA TU MENTE".

Marian Rojas Estape: "COMO HACER QUE TE PASEN COSAS BUENAS" Y " SER UNA PERSONA VITAMINA".

Fraternidad Sacerdotal San Juan de Ávila: "SOLO PARA VALIENTES"

José Luis Álvarez Álvarez: "EVANGELIO".

Grandes comunicadores como *Adriá Solá Pastor, Irene Albacete, Monseñor José Ignacio Munilla Aguirre , Madre Verónica Berzosa, Eric Curts*, entre otros.

La vida es un estudio incesante de todo lo que nos rodea. Cada persona, situación o problema nos sirve para aprender y mejorar con todo lo que interactuamos.

Adriá Solá Pastor   Irene Albacete   Monseñor José Ignacio Munilla Aguirre   Madre Verónica Berzosa

Eric Curts   Mario Alonso Puig   Marian Rojas Estapé

MI FAMILIA VITAMINA

Otros proyectos realizados en cursos de formación con INTEF son:

VISUAL THINKING EN EDUCACIÓN

REALIDAD viRTUAL

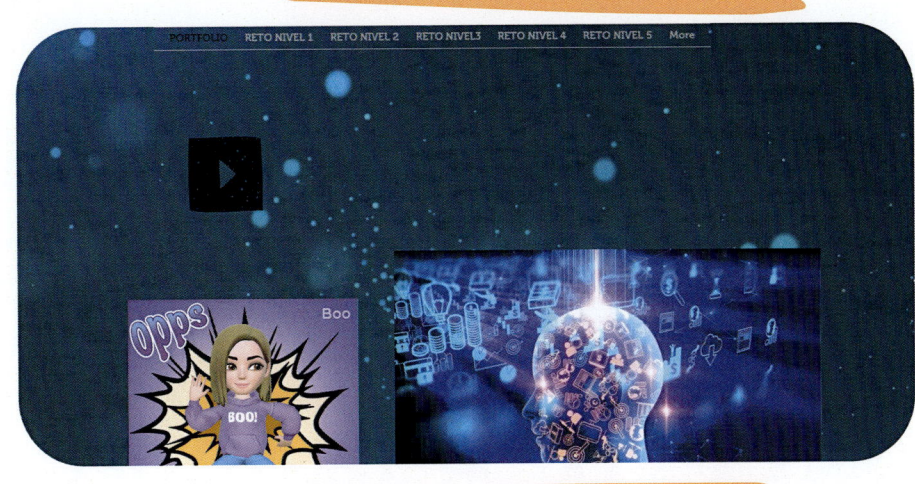

AULA DEL FUTURO

DESCARTAR LAS QUEJAS ENFOQUE EN LO QUE PODEMOS CAMBIAR

Como todo ser humano nacemos con unas limitaciones en nuestra forma de pensar, sentir, actuar... que si no florecen, tenemos el peligro de quedarnos inmovilizados.

Estas limitaciones mejoran con la madurez como personas, con los valores que nos inculcan, con la educación que recibimos, con todas las experiencias que vivimos. Dentro de esas limitaciones el ser humano de forma innata tiende a mirar el "YO", todo lo relacionado con sus problemas, dificultades, miedos, incomodidades... en lugar de extender ese campo de visión que gira en sí mismo, a abrirlo y mirar hacia el exterior, hacia el alrededor. De esta forma, no solo es el "YO" sino el mundo que le rodea, las personas, las circunstancias, los problemas, miedos, incomodidades que tenemos todos.

Se trata de observar las dificultades que nos encontramos para crecer, salir de ese bienestar y enfocar nuestra actitud de ver las cosas como pruebas para crecer como personas, porque en esas mismas pruebas tenemos la ocasión de brotar lo mejor de cada uno que tenemos en **"nuestro interior"** como dormido, pero que se despierta ante los inconvenientes que nos surjan. Dependerá entonces del nivel de reflexión que tengamos desarrollado para hacer frente a estas dificultades. Es ahí donde salen las quejas a la primera si no hemos germinado nuestra forma de responder a los problemas.

En las quejas no avanzamos, no fluye nuestra creatividad, nuestra motivación, nuestra ilusión, nuestra actitud, etc.

> Hemos de dejar las quejas a un lado y enfocarnos en el cambio para no detenernos en un pensamiento o acción que no sirven absolutamente de nada para avanzar, para cambiar y perseguir aquello que queremos.

Os voy a compartir varios ejemplos a lo largo del capítulo. Uno de ellos es una de las actividades que tenía que crear sin conocimientos algunos para un curso tutorizado en línea que hice con INTEF de Pensamiento Computacional.https://scratch.mit.edu/mystuff/

Me costó verdaderos horrores crear y hacer esta actividad y todas las que realicé.

Al principio nadie está exento de que se te vengan los pensamientos: ¿A quién se le ocurre?, ¿Cómo me he metido yo en esto?, ¡No sé cómo hacerlo! o ¡Es muy difícil!

Pero con perseverancia, actitud y voluntad se puede conseguir. Es esta actitud positiva la que debemos alimentar. No solo en este tipo de actividades, sino en todos los inconvenientes que nos aparezcan.

MIS PROYECTOS CON SCRATCH

Misssweety
Scratcher | Ingresó desde 5 años, 2 meses
Spain

Acerca de mí

¡Holi!
Soy Maestra de Educación Primaria. Trabajo
como Profe de Religión Católica en Educación
Infantil y Primaria
Me encanta la docencia, innovar, aprender y
compartir. Me apasionan las TICS

En qué estoy trabajando

Cumplir mis propósitos. Cada día es una nueva
oportunidad de aprender.

Proyecto Destacado

¿Quién es la Seño Maite?

Lo que he estado haciendo

Proyectos Compartidos (8)

Ver todo

Tablas multiplicar. T...
por Misssweety

Historia colaborativ...
por Misssweety

"Navidad con Scrat...
por Misssweety

Mi Proyecto en Scra...
por Misssweety

Tarea 3.2 "Prueba"
por Misssweety

Otra anécdota que comparto es con un curso de Formación de INTEF, tutorizado en línea que hice llamado 'Aula del Futuro' y tengo que confesar que estuve a punto de rendirme, pero con la ayuda del coordinador del curso, debido a la empatía que mostró conmigo, no lo hice. Además, quise llegar hasta el final y, aunque salieron quejas a nivel interno, perseveré y lo conseguí.

Seguidamente os muestro un portafolio que hice, donde recogí todo el proyecto del 'Aula del Futuro'.

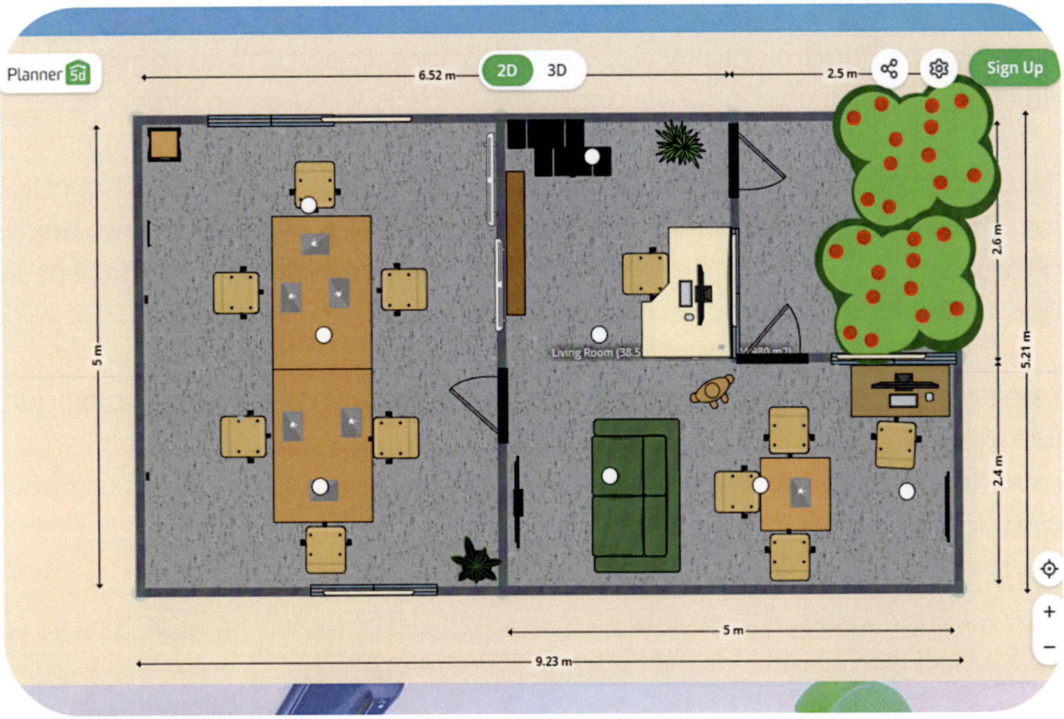
Planner 5d
2D
3D
Sign Up
6.52 m
2.5 m
5 m
2.6 m
5.21 m
2.4 m
5 m
9.23 m

Todas estas herramientas y apps son novedosas para mí, la mayor parte de este proyecto era hacer visionados de vídeos lecturas en inglés.

Os animo a hacer una pausa para reflexionar de qué nos sirven esas quejas. ¿Nos ayudan a cambiar algo? La verdad, no. Nos desgastan, nos dejan agotados y, lo peor, nos desconectan de lo que realmente importa: enseñar, acompañar y marcar la diferencia.

Este episodio es una invitación a dejar las quejas que no nos llevan a ningún lado y a enfocarnos en lo que queremos lograr, porque aunque enfrentemos desafíos, tenemos algo que nadie puede quitarnos: nuestra capacidad de actuar y de transformar.

EL PROBLEMA DE LAS QUEJAS: UNA ESPIRAL QUE NOS ATRAPA.

Quejarse puede parecer un alivio momentáneo, como sacar el aire después de un día pesado, pero si lo hacemos todo el tiempo, nos quedamos atrapados en ese ciclo. Cada vez vemos más problemas, menos soluciones, y terminamos con una sensación de "¿para qué esfuerzo, si nada cambia?".

Cuando las quejas dominan, suceden cosas como estas:

Te quitan energía. Te enfocas tanto en lo que no funciona que se te olvida pensar en cómo solucionarlo.

Te afectan emocionalmente. Poco a poco, el pesimismo se convierte en un hábito y eso impacta tu ánimo y tu motivación.

Perjudican el ambiente. Lo que transmites se contagia. Si tú te enfocas en lo negativo, es probable que tus estudiantes y compañeros lo sientan también.

Entonces, ¿qué hacemos con esas quejas? Transformarlas en otra cosa: en actitud para cambiar, en ideas para mejorar, en pasos concretos hacia lo que realmente queremos. Cambia la perspectiva: ¿Qué quiero conseguir? La clave está en centrar nuestra atención. En lugar de pensar una y otra vez en los problemas, enfoquémonos en lo que queremos construir. Pregúntate:

¿QUÉ QUIERO LOGRAR CON MIS DISCENTES?

¿QUÉ PUEDO HACER HOY, CON LOS RECURSOS QUE TENGO, PARA AVANZAR?

¿QUÉ PEQUEÑAS ACCIONES PUEDEN MARCAR UNA DIFERENCIA?

Cuando empiezas a pensar en lo que puedes hacer, en lugar de lo que te falta, las cosas empiezan a cambiar. A veces no será fácil, pero cada paso cuenta. Por ejemplo:

¿No tienes suficiente material? Busca recursos gratuitos en línea o adapta tus actividades para aprovechar lo que ya tienes.

¿Tu grupo está desmotivado? Cambia el enfoque de tus clases, pregúntales qué les interesa, o prueba nuevas dinámicas.

¿Sientes que estás solo en esto? Habla con docentes de confianza, comparte ideas, crea un equipo.

Es cuestión de dar el primer paso. No tiene que ser perfecto, solo tiene que ser un avance. Pensamiento positivo: un aliado, no una fantasía. Pensar en

positivo no significa hacer de cuenta que todo está bien. No. Significa reconocer las dificultades, pero no dejar que te paralicen. Es elegir ver oportunidades en medio de los retos. Es un cambio pequeño, pero poderoso.

¿CÓMO CULTIVAR EL PENSAMIENTO POSITIVO?

Reconoce lo bueno. Al final de cada día, piensa en tres cosas que salieron bien. Tal vez un estudiante participó más de lo esperado, o lograste terminar una actividad a pesar del caos. Lo bueno siempre está ahí, aunque a veces cueste verlo.

Rodéate de personas positivas. Busca personas que no se queden en la queja, sino que quieran encontrar soluciones contigo. Esos son los aliados que necesitas.

Recuerda por qué estás aquí. Todos tenemos días malos, pero no pierdas de vista tu propósito. ¿Qué te movió a ser docente? ¿Qué sueñas para tus educandos? Construyendo juntos: menos problemas, más soluciones.

Cuando dejamos de quejarnos y empezamos a actuar, algo curioso sucede: las cosas, aunque no perfectas, empiezan a mejorar. Tal vez no podamos resolver todo, pero sí podemos avanzar poco a poco hacia un mejor entorno.

- **Involucra a los alumnos.** Ellos son clave en el proceso de aprendizaje. Pregúntales qué opinan, qué les motiva, qué propuestas tienen. Verás cómo al incluirlos, se sienten más comprometidos.

- **Comparte tus logros.** Si encuentras algo que funciona, compártelo con otros docentes. Esa dinámica o estrategia que te ayudó puede inspirar a alguien más.

- **Crea un espacio para las ideas**. Propón reuniones con compañeros donde el objetivo sea hablar de soluciones. Es un cambio de enfoque: menos quejas, más acción.

LO QUE QUEREMOS LOGRAR: NUESTRO ENFOQUE A FUTURO.

¿Y todo esto para qué? ¿Por qué esforzarnos en cambiar la queja por la acción? Como docentes tenemos un propósito grande: formar personas, no solo académicamente, sino en valores, en actitud y en resiliencia. Queremos construir un futuro donde nuestros estudiantes tengan las herramientas para enfrentar la vida, y eso empieza con el ejemplo que les damos.

¿QUÉ QUEREMOS CONSEGUIR?

- **Un aprendizaje significativo.** Que los estudiantes encuentren sentido a lo que aprenden, que se sientan motivados y que vean el aula como un lugar donde pueden crecer.

- **Un ambiente positivo.** Crear un espacio donde todos se sientan valorados, respetados y escuchados.

- **Una comunidad educativa fuerte.** Que familias, docentes y estudiantes trabajen juntos, no como partes separadas, sino como un equipo.

Esto no se logra de la noche a la mañana, pero cada pequeño esfuerzo cuenta. Cada día es una nueva oportunidad para avanzar. Ser docente no es un trabajo cualquiera. Es una labor que deja huella, aunque a veces no lo veamos de inmediato. Cada decisión que tomamos, cada palabra, cada clase, tiene el poder de influir en la vida de alguien más.

Dejemos las quejas, porque no nos llevan a donde queremos ir. En su lugar, enfoquémonos en lo que podemos hacer, en lo que podemos construir. No será perfecto, pero será significativo. Porque lo que hacemos importa, y porque nuestros estudiantes merecen ver en nosotros el ejemplo de que con esfuerzo, actitud y compromiso, las cosas pueden cambiar.

HOY ES EL DÍA PARA EMPEZAR. ¿QUÉ ACCIÓN VAS A TOMAR?

INNOVAR, APRENDER Y COMPARTIR SIEMPRE SUMA

Una frase que suelo repetir mucho y que he convertido en un lema o dicho para mí. En realidad es una frase que siempre llevo conmigo: **innovar, aprender y compartir**. Incluso tengo un cuadro que decoré cuando creé mis canales de YouTube en donde suelo editar y grabar mis vídeos. Estas palabras no son de relleno, sino que llevan dentro una gran parte de mí que quiero compartir con el resto de los docentes y padres.

Cualquier profesión requiere un aprendizaje cíclico y constante. Es en el aprendizaje cuando conectamos y ampliamos nuestros conocimientos que siempre se quedan escasos si no se amplían en el desarrollo del ser humano. Por ende, se hace necesario alimentarlos con experiencias que enriquecen nuestra forma de pensar y actuar. Todo combinado resulta alcanzar esa sabiduría. El cuerpo necesita el alimento para nutrir y proporcionar al organismo todo lo imprescindible para el desarrollo del ser humano, el alma necesita también ese nutriente, yo lo encuentro en la Palabra de Dios. De la misma forma el alimento en la profesión en cualquiera es el aprendizaje indispensable para crecer profesionalmente. Ello se consigue **innovando**, **aprendiendo** y **compartiendo**.

> La educación es un arte que hay que descubrir. Si lo haces, está en constante transformación. Nosotros, los docentes somos los protagonistas en este escenario en evolución, pero los héroes son nuestros alumnos.

Ser docente no es solo instruir, sino también adaptarnos continuamente a los cambios que nos rodean. Innovar, aprender y compartir se convierten, entonces, en pilares fundamentales para marcar la diferencia en la vida de nuestros estudiantes y en nuestra propia trayectoria profesional.

La innovación en el aula no significa únicamente utilizar tecnología de vanguardia o herramientas digitales; se trata, más bien, de crear nuevas formas de enseñanza que respondan a las necesidades y realidades de nuestros alumnos.

Preguntarnos constantemente:

¿CÓMO PUEDO HACER QUE ESTE CONTENIDO LES IMPACTE, LO RECUERDEN, LES SEA ÚTIL?

¿DE QUÉ MANERA PUEDO DESPERTAR SU ATRACCIÓN Y MANTENERLOS MOTIVADOS?

En mi experiencia, la gamificación fue el primer paso hacia la innovación. Transformar un entorno de aprendizaje en un espacio lúdico no solo hizo que los educandos se sintieran más involucrados, sino que también facilitó su comprensión y retención del conocimiento. Mediante retos, recompensas y dinámicas interactivas, descubrí que los alumnos pueden aprender disfrutando del proceso, y esa es una de las mayores satisfacciones de ser pedagógico.

Sin embargo, innovar no es algo que ocurra una sola vez; es un camino continuo. Requiere observar, analizar, y estar abierto a cambiar lo que no funciona para encontrar nuevas soluciones. La creatividad y la flexibilidad se convierten en aliadas esenciales.

APRENDER: UN EDUCANDO QUE ENSEÑA, TAMBIÉN APRENDE

Una docente que no aprende se estanca. La sociedad avanza a pasos desmesurados, y el conocimiento que ayer era útil, hoy puede haber quedado obsoleto. Por eso, debemos abrazar el aprendizaje continuo como parte de nuestra vocación.

En cada clase, los alumnos también nos aleccionan. Ellos nos enseñan sobre sus necesidades, sobre cómo perciben el mundo, y nos obligan a mantenernos actualizados para responder a sus inquietudes. Pero no basta con saber sus preocupaciones e intereses, debemos buscar nuevos conocimientos de manera activa para ayudarlos a conectar sus nuevos conocimientos con los que ya tienen. Para ello podemos:

- Participar en cursos y talleres.

- Seguir tendencias educativas y tecnológicas.

- Leer libros, artículos y estudios que nos permitan ampliar nuestra perspectiva.

- Explorar nuevas metodologías y herramientas didácticas.

Para mí, este compromiso con el aprendizaje se traduce en dedicar tiempo a mejorar mis habilidades pedagógicas y a estar al tanto de las novedades en mi campo. Así, cada día en el aula se convierte en una oportunidad para crecer, no solo como profesional, sino también como persona.

COMPARTIR: EL CONOCIMIENTO CRECE CUANDO SE COMPARTE

Compartir lo que aprendemos no solo es una responsabilidad, sino un acto que enriquece a todos. A menudo, los docentes tendemos a trabajar de forma aislada, pero al compartir nuestras experiencias, descubrimos que otros también enfrentan desafíos similares y que juntos podamos encontrar mejores soluciones.

Es al compartir cuando ampliamos nuestro bagaje de contenidos, actividades, recursos con otros docentes o padres de forma altruista, sin competiciones, ni halagos, sino de forma generosa.

Compartir significa:

Colaborar con otros docentes para diseñar proyectos conjuntos.

Participar en comunidades educativas donde podamos intercambiar ideas y recursos.

Crear contenido que otros puedan utilizar: tutoriales, artículos, videos, o incluso cursos en línea.

En mi caso, compartir el proyecto de gamificación que desarrollé durante mi Trabajo Final de Grado me permitió contribuir a la mejora de otras aulas, pero también me brindó retroalimentación valiosa para perfeccionarlo. Compartir no es perder; es multiplicar.

Compartir es crecer, es contribuir a la mejora de la educación en nuestra comunidad. A lo largo de nuestro caminar como docentes nos encontramos momentos en que los demás nos ayudan y nos dejamos ayudar humildemente para aprender, pero también otras muchas veces somos nosotros los que ayudamos a los demás aportando nuestro granito de arena. Todas las gotas son importantes en un océano. Todas las ideas suman si tienen un buen fin desinteresado. Hay mucha paz, alegría al compartir de forma desinteresada sin esperar nada a cambio. Y es muy gratificante ver que esas horas que has trabajado para sacar un recurso, luego tienen muy buena aceptación y ayuda a muchos profes y niños.

TODO EN SU CONJUNTO SUMA

Cuando innovamos, aprendemos y compartimos, no solo sumamos conocimientos o habilidades, sino que también sumamos valor a la educación. Nos convertimos en modelos a seguir para nuestros estudiantes, demostrando que el aprendizaje no termina cuando salimos de la escuela, sino que es una aventura que nos acompaña toda la vida.

Cada pequeño esfuerzo cuenta. Cada idea innovadora, cada nuevo aprendizaje, y cada experiencia compartida suman, y ese valor acumulado tiene el poder de transformar vidas. Al final, ser docente es eso: sumar para multiplicar el impacto en cada estudiante que pasa por nuestras aulas.

El fin de la Educación es un aprendizaje continuo para toda la comunidad educativa. Enseñar con actitud y motivación en ese proceso aprendemos todos de todo.

COMPARTIR SIEMPRE, ES MÁS.

A continuación, os muestro una forma de filantropía en la educación a través de las redes sociales al compartir recursos con otros grupos de docentes se forman grupos de trabajo para realizar un dosier donde se recojan muchas ideas, actividades, recursos, herramientas y el fin es que llegue a muchos docentes y niños y puedan beneficiarse de ellos.

Se trata de dossieres y proyectos de diferentes temáticas, que resultan ser muy enriquecedores. Pero esos grupos de profesionales son especialistas y educadores de diferentes partes de España y del mundo. Cada uno está aportando su vitamina. Son docentes vitaminados que luchan por reciclarse y mantener viva la vocación de maestro, que es tan bonita y muchas veces pierde luz por la comodidad, la falta de formación y el desinterés del instructor.

Es una pena, pero también una realidad. Si vas desmotivado a tu trabajo, cómo vas a aprender y cuanto menos los educandos.

Yo les diría a estos educadores despertad que todavía estáis a tiempo que cada día en una nueva oportunidad. No la desperdicies. De este tema hablaré más adelante en el último capítulo de esta dosis de vitaminas que contiene este libro.

Imagen creada con Canva

APPS Y HERRAMIENTAS DIGITALES PARA DINAMIZAR LAS CLASES

Las herramientas digitales y aplicaciones educativas han dejado de ser opcionales para convertirse en aliados indispensables en el proceso de enseñanza-aprendizaje, potenciando no solo el interés de los estudiantes, sino también la eficacia del docente.

En esta era, donde la atención es un recurso escaso, las tecnologías interactivas permiten captar y mantener el interés del estudiante mediante metodologías activas como el aprendizaje basado en proyectos, la enseñanza colaborativa o el aprendizaje personalizado.

Mi propósito es brindarte una guía práctica para incorporar las tecnologías en tu labor docente, ayudándote a convertir cada clase en una experiencia memorable y significativa para tus estudiantes.

Porque enseñar en el siglo XXI no es solo transmitir conocimientos, sino también crear conexiones que inspiren a aprender y a innovar.

Comenzaré mostrando cómo elaborar los contenidos de clase, ya sean analógicos o tecnológicos.

En la enseñanza, el equilibrio entre lo digital y lo analógico no solo es deseable, sino esencial. Mientras los materiales analógicos, como fichas, actividades, manualidades, nos permiten conectar de manera tangible con los estudiantes, los recursos digitales nos abren la puerta a la innovación, la creatividad y la interacción. Pero hay algo más: para que este equilibrio funcione, también necesitamos sistemas efectivos para recopilar, organizar y compartir estos recursos.

Es aquí donde herramientas como **Padlet** y **Wakelet** se vuelven imprescindibles. Estas plataformas funcionan como espacios para recolectar y gestionar información de manera visual y accesible, convirtiéndose en un puente entre los materiales que creamos y las experiencias que diseñamos en clase. Con **Padlet**, por ejemplo, puedes organizar ideas, enlaces o incluso colaboraciones de tus estudiantes en tiempo real. Es en este padlet donde recojo todos o la mayoría de mis genially que creo y mi espacio de Genially que a continuación os presento.

PADLET DE MIS GENIALLY

MI ESCRITORIO DE GENIALLY

Maite Pardo
@miescritorionline

Sobre el perfil

Maestra de Educación Primaria , Profesora de Religión Católica, Friki de la
Innovación Educativa ❤️

Creaciones

💻 130 geniallys

Repaso 6º D Religión Católica Font...
Personalizado

Taller de las Religiones Jumanlly
Juegos

Unidad 1 Taller de la Biblia 5º de pr...
Presentación

Scape Room Cuaresma miescritor...
Personalizado

Sudoku Moisés @miescritorionline
Presentación

Repaso el Abecedario Miescritori...
Personalizado

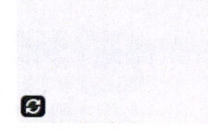

1º Actividad Intef
Personalizado

Personajes del antiguo testamento
Personalizado

Por otro lado, es en **Wakelet** donde recojo muchos de mis contenidos creados en formato PDF y enlaces para descargar. Te permite curar contenidos de la web o tus propios materiales en colecciones que puedes usar y reutilizar en distintos momentos del proceso de enseñanza.

Por supuesto, las herramientas de creación también tienen un papel fundamental. **Canva** te permite diseñar desde materiales físicos, como fichas o pósteres, hasta contenidos digitales, como infografías o presentaciones. **Genially**, por su parte, destaca en la creación de recursos interactivos que captan la atención y dinamizan cualquier explicación. Estas plataformas, no solo nos ayudan a diseñar, sino también a recopilar, organizar y compartir todo lo que creamos, ya sea para una actividad en papel o para una experiencia completamente multimedia.

¿Cómo creo yo mis recursos de clase, qué apps o herramientas utilizó?

Independientemente, de si son recursos analógicos o multimedia.

Siempre esos contenidos hay que intentar relacionarlos con dibujos animados, películas, superhéroes o juguetes que estén de moda para nuestros alumnos acorde a su edad.

Las plataformas o herramientas que utilizo para crear contenido analógico e imprimible con Canva.

Cómo defino Canva: herramienta online de diseño gráfico de uso gratuito.

Puedes hacer indefinido material y recursos con plantillas que puedes reutilizar o empezar desde cero.

Desde horarios basados en plantillas:

	Lunes	Martes	Miercoles	Jueves	Viernes
9-10:30					
10:30-11:30					
11:30-12	Recreo				
12- 12:30					
12.30 -14					
	Casa				

miescritorionline

TARJETAS MEMORY DÍA DE LA PAZ

Paz

Amor

Amistad

Escucha

Respeto

Tolerancia

Igualdad

Solidaridad

@miescritorionline

También se pueden hacer desde cero como este triorama que es una representación, en tres dimensiones, de una figura. Se elabora en forma de pirámide para ilustrar alguna escena. Yo en mi caso lo hice para representar la Creación, el primer libro de la Biblia, el Génesis o un agamógrafo que es un tipo de arte óptico. Está formado por imágenes escondidas que aparecen dependiendo de la posición en la que se encuentre el observador. Lo cree de Semana Santa desde el folio en blanco.

Todos los recursos impresos que hago con **Canva** son extraordinarios.

SEMANA SANTA AGAMÓGRAFO

Otra herramienta que utilizo para crear contenidos multimedia e interactivo es Genial.ly. Es una herramienta que nos permite generar contenidos digitales interactivos sin necesidad de programar y sin tener conocimientos de diseño.

Desde presentaciones, actividades interactivas, infografías, juegos de genial.ly y con extensiones que son un flipe.

Es aquí donde tengo que destacar que, si sumas a toda la plataforma, las extensiones son fascinantes.

Extensiones como las siguientes del equipo de Sandbox conjunto de extensiones básicas para añadir funcionalidades a tus Genial.ly.

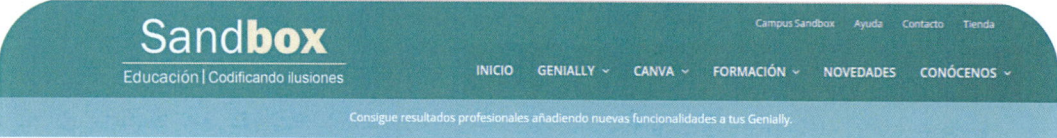

SANDBOX

Sandbox
Educación | Codificando ilusiones

Campus Sandbox   Ayuda   Contacto   Tienda

INICIO   GENIALLY ⌄   CANVA ⌄   FORMACIÓN ⌄   NOVEDADES   CONÓCENOS ⌄

Consigue resultados profesionales añadiendo nuevas funcionalidades a tus Genially.

Punteros creativos

Con esta extensión original de S'cape, adaptada especialmente para sandbox, podrás incorporar divertidos punteros de ratón que encajen perfectamente con...

AGORA

Agora supone la mejor oportunidad para iniciarse en @genially_es con plantillas interactivas enriquecidas por @sandboxeduca. Crea juegos de preguntas con...

Helpic

Incluye apoyos visuales en tus recursos y saca todo el partido a tus juegos con enfoque DUA.

Os presento también dos tutoriales de dos extensiones que he hecho en mi canal de YouTube Maite Pardo.

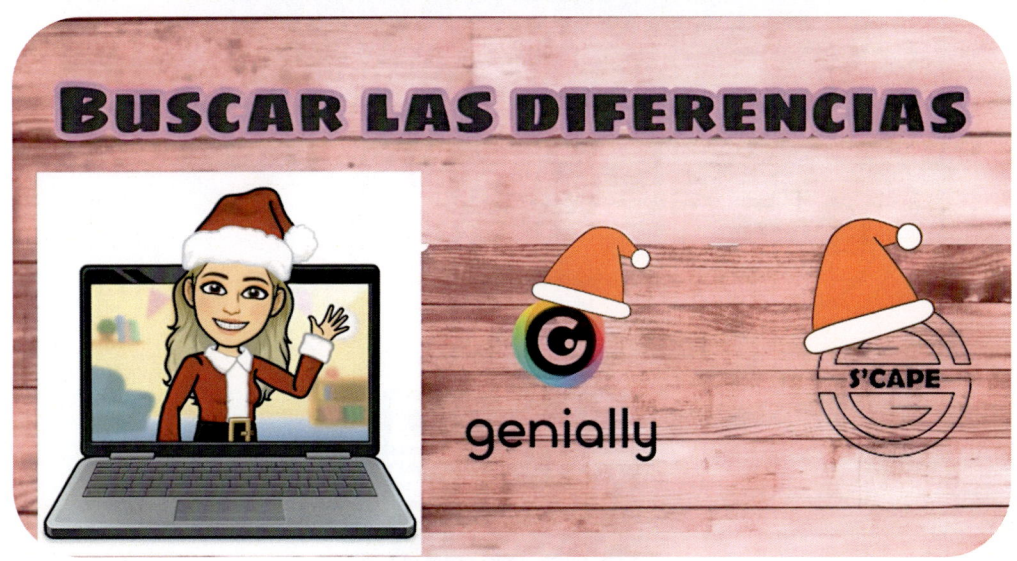

Otra plataforma donde encontrar estas extensiones es S'cape Enepe.

S'cape es un grupo de profesores de Francia que han desarrollado herramientas basadas en JavaScript, que dotan a genial.ly de más funcionalidades.

HERRAMIENTAS Y EXTENSIONES S´CAPE

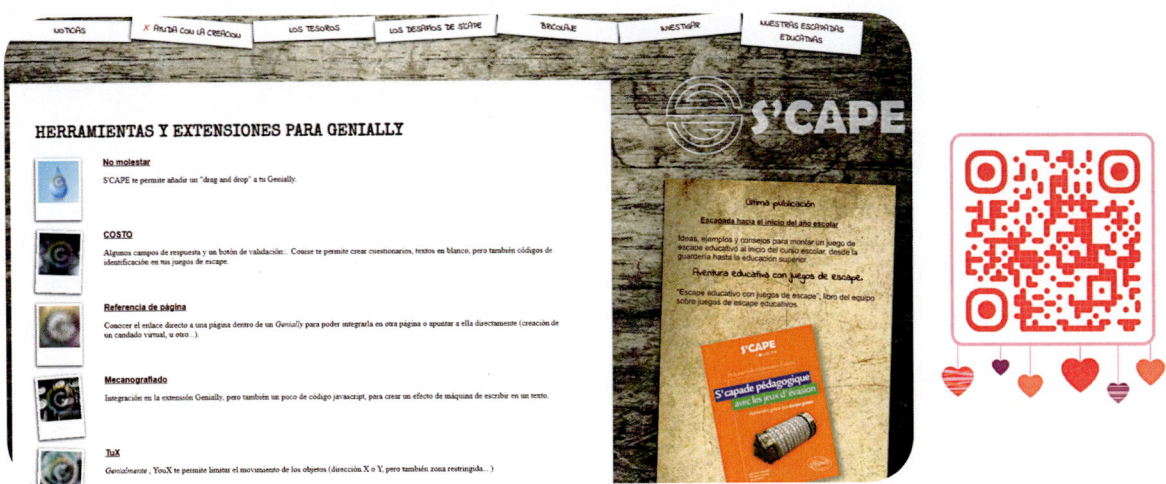

Herramientas y extensiones para genial.ly de S´cape hay una infinidad de ellas y tutoriales. Más adelante me gustaría innovar y hacer tutoriales de cada una de ellas para ver su utilidad en nuestras actividades de forma motivadora y creativa.

Si a estas herramientas se les suma que desde ellas podemos trabajar, la inteligencia artificial lo mejora todo. Tenemos un amplio abanico para utilizar. Todo está en la actitud de entrada, ponernos manos a la obra.

AULA VIRTUAL PARA DOCENTES Y DISCENTES

La educación está viviendo una transformación digital sin precedentes, y las aulas virtuales han pasado a ser esenciales para conectar a docentes y discentes en un entorno flexible, organizado y accesible. Este capítulo está diseñado para ayudar a crear un aula o web virtual que no solo reúna todos los recursos necesarios en un solo lugar, sino que también facilita una experiencia educativa enriquecedora, colaborativa y personalizada.

Exploramos plataformas clave como **Google Suite para Educación**, que incluye un servicio de Google que proporciona un paquete de herramientas de ofimática que abre un amplio abanico de posibilidades a los profesores, al personal administrativo y al alumnado.

Además de aplicaciones ya clásicas como Gmail, Calendar, Drive, Documentos, Hojas de cálculo y presentaciones, renueva otras como Sites y añade algunas como Drawing, o Keep, entre otras muchas.

Todas ellas ayudan y facilitan la organización, la investigación, la colaboración, la comunicación, el trabajo cooperativo en el ámbito educativo.

Resultan ideales para planificar, organizar contenidos, los recursos para trabajar. De igual forma, veremos, cómo crear aulas virtuales personalizadas utilizando herramientas como **Wix**,

Wix es una plataforma de creación de sitios web gratuita y fácil de usar. La tecnología intuitiva y las potentes funciones integradas nos dan la libertad de diseñar con facilidad sitios web profesionales, que se ven increíbles en cualquier dispositivo.

Con esta web se permite diseñar espacios educativos únicos donde todo puede estar agrupado y bien ordenado para el fácil acceso de docentes y estudiantes.

Además, abordaremos el uso de **avatares digitales** como **Bitmoji** y **Zepeto**, que aportan un toque creativo y humano al aula virtual. Estos avatares hacen que las interacciones en línea sean más cercanas y visuales, ayudando a construir un ambiente más cálido y atractivo, especialmente en entornos que pueden parecer impersonales.

Para facilitar el proceso de implementación, he creado una serie de **tutoriales prácticos dirigidos a docentes**, que te mostrarán paso a paso cómo usar estas herramientas y configurar tu aula o web virtual. A lo largo del capítulo, encontrarás referencias a estos videos, que te guiarán de manera sencilla y directa para que puedas aplicar todo lo aprendido en tu práctica educativa.

Este episodio no solo te proporcionará ideas y estrategias, sino que también te dará los recursos necesarios para llevarlas a la acción. Todo está pensado para que puedas transformar tus clases en un espacio virtual eficiente, ordenado y atractivo para docentes y discentes por igual. ¡Prepárate para crear un aula virtual, web o blog de forma intuitiva y sencilla!

Imagen de Borja González Rozalén

Hace tiempo tuve la necesidad de crear un aula virtual con Google Suite, y la verdad es que fue mucho más sencillo de lo que esperaba. Es increíble lo intuitivo que puede ser todo el proceso; en pocos pasos ya tienes todo listo para empezar. ¡Y lo mejor es que las posibilidades para enseñar y conectar son enormes!

Te enseño unas imágenes y a continuación algún tutorial para que quede todo más recogido.

Aula virtual para los alumnos de religión católica creada con Google suite. Esta aula se crea en muy pocos minutos. Luego organizarla según tu preferencia y necesidades. En esta aula los alumnos entran y trabajan actividades interactivas y multimedia. Yo las he organizado por cursos desde Educación Infantil hasta Educación Primaria. Las fichas de infantil las explico en la pizarra digital desde esta aula. Os comparto algunas imágenes y el resto las podéis ver en el aula virtual. Esta aula está creada con mi avatar bitmoji que es el que utilizó para introducir mis contenidos y actividades para gamificar las sesiones y situaciones de aprendizaje.

Asimismo, utilizó otro avatar muy llamativo para mis discentes que es Zepetto. Os explico en mi canal YouTube para docentes tutoriales para trabajarlos en el aula.

Aula Virtual de Religión

Es el Aula donde publico y trabajan mis alumnos de Educación Infantil y Educación Primaria.

En mi perfil de Instagram @miescritorionline se puede acceder desde enlaces de la cuenta a todas las webs, canales de YouTube para docentes y discentes, canales de telegram. Actualmente, estoy trabajando en una web llamada miescritorionline donde recopilo todos los contenidos, recursos, actividades, vídeos, tutoriales, apps, herramientas...

Os invito a visitarlo para hojear todo lo relacionado con esta docente vitaminada llamada Maite Pardo que busca la mejor versión de sí misma en todas las dimensiones mental, espiritual y profesional.

Tutorial de aula virtual con Google Suite donde explico de forma concisa cómo crear esta web y la cuenta que he utilizado en una cuenta de educarm.

CANAL DE YOUTUBE MAITE PARDO

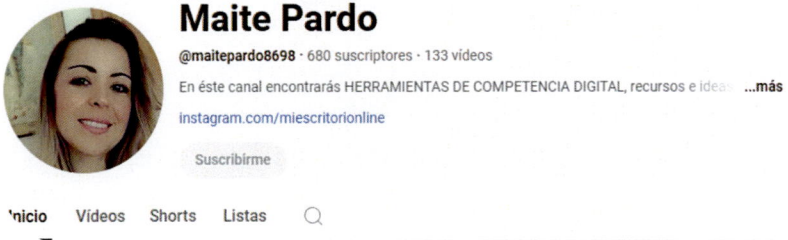

Tutorial de cómo crear avatar bitmoji para nuestras clases.

TUTORIAL DEL AULA VIRTUAL PARA AÑADIR ACTIVIDADES Y RECURSOS

Tutorial de Zepetto para grabar videos para educandos, presentar contenidos en el aula.

Se pueden grabar covers y presentar el videoclip con este avatar. Os muestro un ejemplo cuando grabé "Say Something". Todo este vídeo lo hice con un simple Android.

COVERS SOMETHING

Canción de Jerusalema creada con avatar Zepetto y video de la canción

Como veis, es todo ponerse, es todo actitud, es todo ganas, es todo salir de la zona de confort, de la rutina, de la queja para dejar volar y desplegarse, la creatividad que todos llevamos dentro de cada una de una forma diferente, pero está ahí. Solo hay que despertarla haciendo una introspección hacia nuestro querido y hermoso ser.

Seguidamente, os muestro dónde recopilo mi material en web, concretamente en Wix. Me fascina.

Wix para mí, no es solo una web, sino un espacio en la nube, donde recopilo todo mi material contenido, a través de diferentes portafolios, blog, webs dentro de un mismo lugar.

Yo lo tengo organizado en mi web llamada miescritorionline, en la que actualmente estoy en proceso de construcción.

WEBMiESCRiToRionline

Tutoriales para crear una web con Wix

Hola Bienvenido

Innovar , Aprender y Compartir

Miescritorionline es una plataforma dedicada a proporcionar recursos de educación multimedia e imprimibles de alta calidad. Nuestro objetivo es facilitar herramientas para el aula y tutoriales que enriquezcan la experiencia educativa. Aquí puedes encontrar una amplia gama de materiales didácticos para apoyar el proceso de enseñanza y aprendizaje.

Recursos Herramientas Tutoriales

miescritorionline

Vamos acercándonos al final de esta aventura de docente vitamina. Piensas en renovar tu forma de dar las clases y actualizarte a las demandas de nuestra sociedad, de esta comunidad de educandos. No importan los años que lleves en la docencia, si es amplia o escasa, son las ganas de mejorar, de evolucionar tú con entusiasmo para contagiar a tus alumnos. Todo cambio merece la pena. No te quedes sin intentarlo. Renuévate igual que lo haces con tu vestuario, imagen, espíritu y corazón, hazlo también como maestro/a. Así es como se crece en realidad, en crecer como persona e impregnar todo lo que te rodea.

ENSEÑAR CON Y DESDE EL CORAZÓN MÁS ALLÁ DE LOS SABERES BÁSICOS

Ser maestra no fue siempre mi primer destino, aunque hoy reconozco que es mi verdadera devoción. En mis años jóvenes, mi mirada se dirigía hacia otras profesiones, como enfermería, con la esperanza de dedicarme a cuidar a los demás de una manera más directa. Sin embargo, la vida, con sus caminos imprevisibles, me llevó por una senda diferente, una que hoy abrazo con todo mi ser.

Desde el primer día que me encontré en el aula, me di cuenta de que enseñar no es solo impartir conocimientos. Es una vocación que va mucho más allá de los saberes básicos; es una forma de tocar el corazón de cada niño y niña, de guiarlos en su crecimiento, de ser parte de su vida de una manera profunda y significativa. Cada clase se convierte en una oportunidad para conectar, no solo como educadora, sino también como ser humano, para inspirar y motivar, para enseñar valores, empatía y a comprender el mundo de manera crítica.

Lo confieso, al principio me costó mucho cualquier cosa que emprendí. Los desafíos fueron muchos: la adaptación a las metodologías, la creación de ambientes de aprendizaje, incluso el entender mi propio rol en el aula. Pero aprendí que la clave para avanzar no es la perfección, sino la constancia, el esfuerzo y el amor por lo que uno hace. Con el tiempo, entendí que la perseverancia es el verdadero motor del éxito. Aunque el camino ha sido arduo, cada paso ha merecido la pena, pues me ha permitido crecer como educadora y como persona.

Hoy en día, enseñar con y desde el corazón me permite ir más allá de los libros y las lecciones tradicionales. Mi objetivo es cultivar en mis estudiantes una visión del mundo más amplia, donde el conocimiento no solo se aprende en el aula, sino también en la vida misma, a través de las experiencias, las emociones y las relaciones que construimos juntos. Ser maestra es, sin duda, mi verdadera vocación, y mi mayor satisfacción es saber que, a través de mi trabajo, puedo sembrar semillas que, con el tiempo, florecerán en los corazones y las mentes de mis estudiantes.

Enseñar es un arte, es descubrir en cada alumno que llevan dentro de ellos un artista y que ese lienzo y pincel son ellos mismos desde que se inician en su infancia a garabatear hasta que llegan al final de su formación a terminar ese cuadro. Para después hacer mucho más.

En mi experiencia acumulada me inicié impartiendo clases con los conocimientos y formación que se estudian en la carrera. Recuerdo que la primera vez que trabajé como maestra fue una sustitución de dos semanas en el mismo centro al que yo fui desde pequeña y tengo muchos gratos recuerdos.

Al estudiar en la universidad aprendí parte de la teoría y la praxis de nuestra especialidad. Faltaba esa forma de tratar a los alumnos, de dirigirse a ellos Recuerdo sonriendo ligeramente que intentaba dominar la clase con gritos, elevando la voz y de esa forma no conseguía nada, solo quedarme afónica, llenarme de tensión y separarme y distanciarme de mis discentes y ellos de mi.

Con el paso de los años todo eso ha ido gracias a Dios evolucionando y esto lo hace la experiencia, con el ensayo y el error. Con equivocarse y volver a empezar. Poco a poco nos vamos ganando esa confianza cuando vamos conociendo a nuestros educandos y ellos a nosotros es cuando se establece un vínculo por el que fluye de forma más especial ese aprendizaje esa forma de conectar con sus conocimientos nuevos asimilando los antiguos y conectando con los nuevos.

Con la experiencia acumulada y los hábitos diarios debemos evitar caer en la rutina porque eso nos puede llevar a la comodidad y al retener nuestra formación al principio todo se puede hacer por novedad o necesidad, pero con el tiempo como todo en la vida una planta, el amor, la amistad puede desvanecer, si no se cuidan. No pierdas la ilusión por el nuevo día, el nuevo encuentro con nuestros alumnos si de verdad lo haces por vocación, no solamente como profesión; eso va a repercutir también en ellos. Porque todo lo que se planta con fe, alegría y amor da frutos; aunque no recojamos esos frutos nosotros, los tendrán mucho tiempo y ellos mismos serán los que recojan ese esfuerzo.

En la actualidad la sociedad va muy rápido, todo parece una competición y esa misma rivalidad que a veces existe entre alumnos se ve en los maestros.

Nosotros tenemos que ser coherentes con lo que decimos y hacemos.

Nos ha pasado que te encuentres a los niños burlándose de sus compañeros, criticándolos, destacando los defectos, no viendo las virtudes, pues es exactamente lo que muchas veces nos puede pasar a nosotros. Estoy criticando a mi compañero, me río de él a sus espaldas, compito con él en lugar de trabajar en grupo y aunar esa creatividad.

En esos momentos y circunstancias debemos trabajar en esas vitaminas que se contagian y que llevamos dentro, pero no las dejamos salir de nosotros porque no nos conocemos lo suficiente para no verlas dentro de nosotros.

> No reflexionamos, ni meditamos lo suficiente cuando vivimos sumergidos en el ruido externo en las prisas vamos de un lado para otro sin buscar un rumbo fijo realmente estamos perdidos y eso nos hace actuar de una forma muy diferente de empatizar con los demás, de tener solidaridad de unos con otros.

Solamente nos sale nuestro "YO" y ese yo puede ser peligroso si no es humilde, si no se abre a los demás. Se trata de ampliar el campo de visión no solamente mirando mi ombligo, sino ampliar esa mirada a mi alrededor en las necesidades de los demás.

De hecho, la verdadera felicidad está en hacer felices a los demás sin olvidarte de ti. Pero que tu prioridad esté en ellos.

Como educadores, si fuéramos realmente conscientes del bien que nosotros junto a los padres podemos hacer en los niños y lo hiciéramos, cambiarían muchas cosas.

¿Quieres que un cambio empiece en ti mismo? Revisa, analiza, crea, construye pacíficamente y cambiarás el mundo.

En ciudadanos con más valores. En igualar más que en sobresalir.

Como docente de religión católica vivo, realmente mi profesión es mi vida, es tan bonito y grande comunicar y transmitir el mensaje cristiano de Jesús a mis niños. Sus corazones están hambrientos de aprender acerca de la verdad, el amor, la paz, la misericordia. Hablar de Jesús, nuestro Salvador, es un ejemplo de amor verdadero, de entrega.

Yo tuve gracias a Dios, un proceso de conversión en un cursillo de cristiandad antes de casarme y dio un giro que cambió mi vida completamente. Me enamoré de Jesús de Nazaret. Mi vida tiene un antes y un después, me enamoró el conocer cuánto nos ama hasta tal extremo que nos perdona siempre y espera pacientemente.

En la vida hay muchas personas buenas, personas vitaminas que no son famosas, ni son conocidas, pero dejan huella en esta vida. Esa forma de actuar es lo que verdaderamente trasciende a los demás por ese motivo tan importante Amar mucho hasta que duela, ser agradecido, ser humilde, tener ganas de aprender y mejorar de tener una versión de ti mismo para poder compartirla con los demás como maestra con mis alumnos y compañeros como madre y esposa en mi familia, como ciudadana, se trate de vivir con los demás con actitud positiva. Borrando egoísmos, envidia, mentiras. Esto no es un sueño, es una realidad en la que cada uno de nosotros podemos aportar nuestro granito de arena para cambiar y mejorar nuestras relaciones, escasea la fraternidad. Aunque estoy segura de que hay muchas personas que son realmente buenas, maravillosas y tienen un gran corazón, pero no lo donan por miedo, comodidad y desconfianza.

Para concluir, os dejo algunos consejos:

Seamos cariñosos, comprensivos, pacientes, busquemos siempre el bien de los demás aparte del nuestro. Compartir, donar, es más, no menos. Que esta acción multiplica la escasez de todo.

Aprendamos de las incomodidades y circunstancias difíciles para crecer y mejorar.

No podemos perder la alegría, la ilusión, no seamos como un cielo nublado y gris, sino como arcoíris de colores que iluminan y cambian todo.

El arcoíris es hermoso porque es de muchos colores, eso lo hace bello y especial. Seamos así, nosotros seamos "DE COLORES" para los demás, para el mundo.

El principio de la educación es predicar con el ejemplo (Turgot).

Hay dos tipos de educación, la que te enseña a ganarte la vida y la que te enseña a vivir (Antony de Melo).

Es el supremo arte del maestro despertar la curiosidad en la expresión creativa y conocimiento (Albert Einstein).

AGRADECIMIENTOS

En primer lugar dar las Gracias a Dios como hija suya , a mi queridísima Familia; a mi esposo Paco , a mis hijos Francisco , Pablo , Juande, Samuel y Miguel.

A mis Padres, Hermano/a ,Cuñados/as, Sobrinos/as, Suegros.

Dioni compañera de Educación Infantil y Profesional como la copa de un pino, a Pilar Romero y María Maroñas conocidas en instagram por @la_profle_licorne y @losmimosdemaria por sus consejos y apoyo incondicional.

A nuestro querido Padre José David , a mi querida amiga y hermana Alicia.

A todas aquellas personas que me acompañan en este día tan especial y aquellas que no conozcan y quizás lean este libro.

En último lugar pero no menos importante , gracias por darme la oportunidad de escribir este libro a nuestro maravilloso equipo de la Editorial Sar Alejandría;

Director Javier , Elena Ilustradora , Alba,..

Sin vosotros no habría sido posible crear Docente vitamina.

Aunque suene raro he de dar las gracias a mi misma Maite Pardo porque he creído firmemente en este proyecto a pesar de las dudas, he seguido adelante y no solo hemos de ser vitaminas para los demás sino para nosotros mismos .

Estoy muy agradecida de todo corazón, reconozco que siendo madre de familia numerosa especial de cinco chicos , mi marido , trabajando , estudiando inglés, la casa , he tenido momentos bastantes duros y sin todas las personas que he mencionado no habría sido posible. Porque las dificultades son ventajas .

La vida nos brinda infinitas oportunidades para avanzar siempre.

A todos aquellos que, con su dedicación y cariño, han sido la vitamina que ha nutrido mi camino como docente. Gracias por inspirarme y recordarme cada día el poder de creer en uno mismo

Gracias por ser el motor que impulsa mi compromiso de crecer, aprender y dar siempre mi mejor versión.

¡Bendiciones queridos lectores!

Vive cada día
de tu vida
como si fuera
el último

"Padre Miguel Conesa Andúgar"

miescritorionline